Elisabeth Kübler-Ross

Warum wir hier sind

Elisabeth Kübler-Ross

Warum wir hier sind

Photos von

Ken Ross

SILBERSCHNUR

ISBN 3-931 652-72-6

1. Auflage 1999 4. Auflage 2001
2. Auflage 2000 5. Auflage 2002
3. Auflage 2000 6. Auflage 2005

Interview, Übersetzung und Vorwort von Trutz Hardo

Gestaltung: dtp XPresentation, Boppard
Druck: Finidr, s.r.o., Cesky Tesin

Verlag „Die Silberschur" · Steinstraße 1 · D-56593 Güllesheim

www.silberschnur.de
e-mail: info@silberschnur.de

V O R W O R T

von

Trutz Hardo

Elisabeth Kübler-Ross kenne ich schon seit 1982, als ich von ihr als Gast zu einem Seminar in Escondido in Kalifornien eingeladen wurde. Damals hatte ich sie dazu zu überreden versucht, ein Buch über ihre Ansichten und Erfahrungen über den Tod und das jenseitige Leben herauszugeben, das ich dann in Deutschland zu veröffentlichen gedachte. Noch waren ihre negativen Erfahrungen zu stark, die ihre zu diesem Thema in Magazinen veröffentlichten Artikel verursacht hatten, denn sie wurde als Spiritistin, Esoterikerin, Okkultistin beschimpft und somit in eine Schublade geschoben, in der sie auf keinen Fall eingesperrt sein wollte. Sie war und wollte immer eine Wissenschaftlerin bleiben, deren Aussagen, unabhängig von der Meinung anderer, allein auf Forschungsergebnissen beruhen sollten. Erst bei meinem erneuten Besuch in Kalifornien ein Jahr später erlaubte sie mir, aus ihren Artikeln und Kassetten ein Büchlein zusammenzustellen, das dann im Herbst 1983 unter dem Titel *Über den Tod und das Leben danach* erschien. Seitdem ist dieses Buch zu einem heimlichen Bestseller in Deutschland avanciert und wurde bereits in mehrere Sprachen übersetzt. Aus unserer weiteren Zusammenarbeit sind eine ganze Reihe von Büchern und Kassetten entstanden, die alle im Silberschnur Verlag erschienen sind.

Im Herbst 1994 wurde ihr Haus auf ihrer Farm in Virginia angezündet, wobei alle ihre liebgewordenen Schätze und Bücher verbrannten. Dieser Schock verursachte ihren dritten Schlaganfall. Ihr Sohn Ken Ross holte sie daraufhin nach Scottsdale in Arizona, wo sie sich ein größeres Haus mitten in der Wüste, umgeben von Kakteen, kaufte. In dieser Abgeschiedenheit besuchte ich sie Anfang Mai 1995, wo sie mir als ihrem Hausgast zwei weitere Bücher diktierte, die in Folge unter den Titeln *Der Liebe Flügel entfalten* und *Sehnsucht nach Hause* erschienen sind. Nachdem sie mir das letzte Buch diktiert hatte, wollte ich am folgenden Tag abreisen. Doch an jenem Morgen hörte ich sie aus ihrem Schlafzimmer meinen Namen rufen. Dort fand ich sie am Boden liegend. Sie hatte ihren vierten und schlimmsten Schlaganfall erlitten, der sie in der Folge nötigte, ihr weiteres Leben nur noch liegend zu verbringen. In gelegentlichen Telephonaten und bei einem weiteren Besuch teilte sie mir mit, daß sie darüber grolle, noch nicht von der anderen Seite abgeholt zu werden, bestand doch ihr größter Wunsch darin, endlich aus dem Erdenkörper befreit und gleich einem Schmetterling aller Erdanhaftung ledig zu sein. Aber ihr erhoffter Tod, auf den sie sich so sehr freute, zögerte sich immer noch weiter hinaus. In dieser Phase des Haderns mit dem Schicksal und des Wartens auf den Tod sah sie keinen Sinn mehr in ihrem augenblicklichen Dasein.

Doch zwei Jahre nach diesem Schlaganfall widerfuhr ihr ein Wunder. Ein spiritueller Heiler aus Phoenix namens Josef rief sie an und sagte, daß er von ‚oben' den Auftrag bekommen hätte, ihr zu helfen. Er legte ihr die Hände auf, und zum ersten Mal waren ihre Schmerzen völlig verschwunden und tauchten auch seitdem nicht wieder auf. Nach einigen weiteren Behandlungen konnte sie wieder die ersten Schritte gehen. Auf einmal begann Elisabeth wieder Freude am Leben zu empfinden. Josef kommt immer am Sonntagnachmittag zu ihr, um sie zu behandeln.

Als ich sie im Sommer 1998 wieder besuchte, um sie für das vorliegende Buch zu interviewen, lag sie zwar immer noch mit ausgestreckten Beinen auf ihrem Liegesessel, konnte aber allein zu ihrem drei Meter entfernt befindlichen Bett gelangen oder mit dem Rollstuhl auf die Toilette fahren. Sie wies stolz auf die vielen Pokale, die sie in den letzten Monaten mit Josef bei Rollstuhlrallyes gewonnen hatte, denn daran hatten beide mit Freude teilgenommen, indem Josef sie in ihrem Gefährt oft bis zu fünfundzwanzig Kilometer schob. Elisabeth nimmt also wieder teil am Leben, das sie schon für beendet gehalten hatte. Ja - und ich staunte -, einige Wochen vor meinem Besuch hatte sie auf Einladung ihrer Ärztin Gladys Taylor McGarey als Referentin an einem Seminar teilgenommen, bei welchem sie eine halbe Stunde lang zu den Seminarteilnehmern gesprochen hatte. Ich fand also eine veränderte Elisabeth vor, der das Leben wieder mehr Spaß zu machen schien und die inzwischen eingesehen hatte, daß diese ‚nutzlose' Phase des Wartens auf den Tod doch nicht nutzlos gewesen war, denn sie hatte während dieser Zeit begonnen, Geduld zu üben, etwas, das sie ihr ganzes Leben über nie gelernt hatte.

Somit war der Zeitpunkt äußerst günstig, dieses Ihnen, verehrte Leserin und verehrter Leser, nun in Auszügen vorliegende Interview zu führen.

Über viele wichtige Dinge hatte Elisabeth bisher in Vorträgen gesprochen oder in Büchern geschrieben. Aus meinen Gesprächen mit ihr wußte ich, daß sie noch über viele Wissens- und Weisheitsschätze verfügt, die noch nie an die Öffentlichkeit gedrungen waren. Ich hielt es darum für wichtig, Elisabeth nach diesen noch nicht beziehungsweise noch nicht genauer beschriebenen Dingen zu fragen, damit ihre Leserschaft noch mehr von dem spirituellen Reichtum und Wissen dieser weisen Lehrerin erfahren möge.

Die diesem Buch beigefügten Bilder stammen von dem Photographen Ken Ross, dem Sohn der Autorin, der auch schon ihr Buch *Der Liebe Flügel entfalten* mit besonders eindrucksvollen Photographien ausgestattet hat.

Wer sind wir Menschen eigentlich?

Wir sind spirituelle Wesen, die in einem physischen Körper stecken.

Wo kommen wir Menschen her?

Wir kommen aus der Quelle, wohin wir alle zurückkehren werden.

Warum kommen wir überhaupt auf die Erde?

Die Erde ist eine Schule des Lernens. Wir müssen in dieser unangenehmen physischen Existenz leben, um Dinge zu lernen, die wir auf der anderen Seite nicht zu lernen vermögen. Denn auf der anderen Seite erleben wir die bedingungslose Liebe. Wie aber könnten wir Liebe lernen, wenn uns alles perfekt in rosigsten Farben begegnet? Hier haben wir zu lernen, mit garstigen und gemeinen Menschen auszukommen, mit abstoßender Politik, um zu erfahren, wie man mit Negativität umzugehen hat. Solange wir diese Lektionen nicht gelernt haben, kommen wir immer wieder auf die Erde zurück, bis wir sie gelernt haben. Deshalb müssen wir hunderttausende Male zurückkehren, bis wir schließlich einen Bewußtseinsgrad erreicht haben, der uns befähigt zu erkennen, daß wir nicht voneinander getrennt sind, sondern daß wir alle in jedem Augenblick eine Einheit bilden. Wenn wir das wirklich wissen und dementsprechend leben, dann können wir sterben, um die Erde für immer zu verlassen.

Gibt es Seelen, die öfter wiedergeboren werden müssen als jene, die schneller lernen?

Jeder muß alle Klassen dieser Schule besucht haben. Jedoch gibt es sehr intelligente Schüler, die den Abschluß schneller erreichen und danach nicht mehr zurückkehren müssen.

Von einigen Menschen wird behauptet, daß man alles in einem einzigen Leben lernen könne.

Unsinn! Man würde sich einer großen Menge an Erfahrungen berauben.

Goethe sagte, daß er schon tausend Leben gelebt hätte und noch tausende Male erneut reinkarnieren werde.

Das ist noch gar nichts.

Wo halten wir uns in der Zwischenzeit auf, bevor wir in die Erdenschule zurückkehren, um neue Dinge zu lernen?

Wir befinden uns auf der anderen Seite, wo Zeit und Raum nicht existieren.

Wenn wir auf jener anderen Seite sind, haben wir dann die Freiheit zu planen, was wir im nächsten Erdenleben lernen wollen?

Ja.

Das heißt also, daß alles, was uns in einem erneuten Erdenleben passiert, Ergebnis dessen ist, was wir vorher gemäß unserem freien Willen geplant haben?

Ja, wir tragen für alles die völlige Verantwortung.

Die Verantwortung für alles zu übernehmen, ist es das, was wir wirklich lernen müssen?

Wenn du nicht immer und immer wieder auf die Erdenschule zurückkehren willst, dann lerne diese Lektion besser noch in diesem Leben.

Aber die meisten Menschen schieben die Schuld für unliebsame Gefühle und widrige Ereignisse entweder auf das Schicksal, auf andere Leute oder auf irgendwelche Umstände.

Sie sollten als Antwort lieber in den Spiegel schauen und sich selbst betrachten.

Wenn jemand andere Dinge oder andere Personen beschuldigt, heißt das, daß er nicht versteht, daß er selbst für all das verantwortlich ist, was ihm begegnet?

Er will es nicht wahrhaben, um sich nicht selbst dafür verantwortlich machen zu müssen.

Wählt der Mensch noch vor seiner Wiedergeburt seine Eltern und das Land, in welchem er leben möchte, aus?

Du suchst es dir selbst aus. Ich habe mich für die Schweiz entschieden. Man wählt keine negativen Dinge.

Warum hast du dir die Schweiz ausgesucht?

Ich kann mich daran nicht mehr erinnern, denn es ist lange her. Es ist ein schönes Land. (scherzend) Ich denke, daß ich mich der Schokolade wegen für die Schweiz entschieden habe.

Das würde sicherlich einige deiner Erfahrungen dort versüßen. Hast du dir deinen Vater selbst ausgesucht?

Ja, sicher habe ich mir meinen Vater selbst ausgewählt.

Warum?

Ich brauchte Disziplin, denn ich war nicht sehr diszipliniert. Gott sei Dank habe ich sie früh genug lernen können. Aber er brachte mir auch die Liebe zu den Bergen, dem Wetter, dem Wald, den Alpenblumen, dem Edelweiß, den Waldbächen und die Liebe zu den Gärten bei.

Wählt jeder seine Eltern aus, bevor er wieder zur Erde zurückkehrt?

Ja.

Würde man sich sogar für ein hartes Los entscheiden, für einen Autounfall oder dergleichen?

Ja.

Warum tut man so etwas?

Weil man es beim letzten Mal nicht gelernt hat. Man weiß ganz genau, was man zu lernen versäumt hat. Vielleicht bestand die Lektion darin, jemanden loszulassen. Vielleicht muß man dies im gegenwärtigen Leben lernen, indem man ein Kind verliert. Das ist das Schlimmste, was einem passieren kann. Man bespricht schon vorher im Jenseits mit dieser Seele, was passieren soll. Und diese wird einem sagen: "Ich werde euch verlassen, wenn ich sechs Jahre alt bin." Man muß wissen, daß man auf der anderen Seite keinen Schmerz, keine Furcht und keine Angst kennt. Man hat sich zu dieser Vereinbarung bereit gefunden, um sehr bald das Loslassen zu lernen, das der eigentlichen Absicht dient, die darin besteht, spirituell zu wachsen. Und das ist die Hauptlektion.

Alles wird also wie mit einem Computer bis ins kleinste berechnet, so daß das bestmögliche Wachstum einer Seele ermöglicht wird?

Ja, es erinnert an einen Supercomputer. (lachend) Vielleicht ist das der Grund, warum ich keine Computer leiden kann.

Wenn man sich noch im Jenseits befindet und sich an die Planung seines nächsten Lebens begibt, ist dann jemand zur Stelle, der einem dabei beratend zur Seite steht?

Dir steht drüben immer jemand zur Seite. Es kann auch dein Geistführer oder dein Schutzengel sein. Wenn du ihren Beistand benötigst, dann bitte darum, und dir wird gegeben werden. Bevor ich in dieses Leben inkarnierte, meinte Jesus zu mir, daß ich mich mit zu vielen Aufgaben überlade. Und typisch für mich, wollte ich diesen Rat nicht gelten lassen und wies ihn energisch von mir. "Doch", so wiederholte er, "du überlädst dich." "Nein, ich glaube nicht. Ich schaffe es bestimmt!" Wie du siehst, bin ich selbst auf der anderen Seite noch dickköpfig.

Wir reinkarnieren also, um spirituell zu lernen. Was haben wir eigentlich zu lernen?

Ein jeder hat unterschiedliche Lektionen zu lernen. Wenn du die Schule schwänzt und dadurch einen wichtigen Lernstoff versäumst, dann hast du dich selbst darum betrogen. Genauso machen es die Menschen mit ihrem Leben. Wenn du deinen Lektionen aus dem Wege gehst, um alle Härten des Lebens zu vermeiden, dann bist du genötigt, auf die Erde zurückzukehren. Du wählst dir dann ein schweres

Leben aus, wo diese Lektion wiederholt wird. Ebenso verhält es sich mit Selbstmördern. Wenn du mit dem Tod eines geliebten Menschen nicht umgehen kannst und dich deshalb tötest, dann hast du mit diesem Selbstmord nichts erreicht. Denn du wirst auf die Erde zurückkehren und dich für ein Leben entscheiden, wo du mit vielen Todesfällen der dir Nahestehenden umzugehen hast, und zwar so lange, bis du gelernt hast, daß man einen anderen nicht besitzen kann, und bis du gelernt hast, eine geliebte Person bedingungslos zu lieben, ohne sie einzuschränken. Wenn man diese Lektion nicht lernt, dann kommt man immer wieder. Und jedes weitere Leben wird noch schwerer sein.

Und erhält jeder das, was er ertragen kann? Bekommt niemand mehr aufgeladen als das?

Wenn man sich auf einer hohen Entwicklungsebene befindet, erkennt man, daß niemand mehr bekommt als das, was er aushalten kann. Doch wenn er mehr bekommen sollte, hat er das gebraucht, um eine besondere Lektion zu lernen.

Ist eigentlich jede Lebenssituation, in die man hineingerät, genau die richtige, um daraus das für einen Spezielle zu lernen?

Ja. Einige Leute leben jedoch achtzig Jahre und haben immer noch nichts begriffen.

Die meisten Menschen wünschen sich ein angenehmes Leben und wollen reich sein.

Das ist entsetzlich! Daraus kann man gar nichts lernen. Niemals kann man dadurch wachsen.

Würde man damit ein Leben vergeudet haben?

Ja. Einer meiner jenseitigen Freunde sagte mir einmal, als ich all diese Zusammenhänge noch nicht verstand, daß er sich für ein Leben in Afrika entscheiden wolle, wo er als Kind verhungern werde. Weil ich ein vorlautes Mundwerk habe und mich dann kaum zurückhalten kann, sagte ich: "Du spinnst! Warum suchst du dir ein Leben aus, wo du als Kind verhungern willst?" Er schaute mich an und entgegnete sehr liebevoll: "Du verstehst nicht. Solch ein Leben würde mein Mitgefühl erweitern." Und er fügte hinzu, daß er diese Lektion in seinem vorausgegangenen Erdenleben nicht gelernt habe, denn er hatte kein Mitgefühl für andere gezeigt. Deshalb entschied er sich für ein hartes Leben, um selbst die andere Seite kennenzulernen.

Welche anderen Vorbereitungen trifft eine Seele, bevor sie eine erneute Inkarnation antritt?

In der jenseitigen Welt schaust du dir vor einer erneuten Rückkehr in ein neues Erdenleben alles an, was du im nächsten Leben dort unternehmen möchtest. Was mich anbelangt, so entschied ich mich für die Themen Tod und Sterben. Ich wollte diese Themen aus ihrem Tabu befreien. Meine Haupttätigkeit sollte es sein, mich um Sterbende zu kümmern. Um dieser Aufgabe nachkommen zu können, mußte ich innerlich sehr gefestigt sein. Deshalb suchte ich mir einen Vater aus, der mir früh Disziplin beibrachte, und eine Mutter, die viel Fürsorge und Liebe ausstrahlte. Auf diese Weise habe ich etwas von allem Nötigen erhalten. Ich verließ früh mein Elternhaus. Auch das hatte ich mir schon vorher ausgesucht. Alle meine irdischen Wünsche, als Ärztin nach Indien oder Afrika zu gehen, gingen nicht in Erfüllung. Denn um meinen festgesetzten höheren Plan zu erfüllen, mußte ich einen Amerikaner heiraten, der mich nach New York brachte, wo ich niemals leben wollte.

Bist du der Überzeugung, daß so, wie sich dein Leben gestaltete, schon alles vorhergeplant war, bevor du dieses Leben angetreten hast?

Ja. Natürlich war der rote Faden schon vorhanden. Jedoch trifft man jeden Tag Hunderte von Entscheidungen, die deine Ausrichtung verändern.

Warum mußte es Amerika sein, wo du leben solltest?

Ich hätte diese Arbeit nicht in der Schweiz durchführen können. Dafür hätte ich dort weitere fünfhundert Jahre gebraucht. Da ich jedoch eine ungeduldige Person bin, kann ich nicht so lange warten. Ich mußte diese Arbeit durchführen, um sie hinter mich zu bringen.

Hast du dich schon im Jenseits dafür entschieden, schließlich in Amerika zu leben?

Nein, das glaube ich nicht. Man kann seine Haupt- und Nebenwünsche vorbringen. Doch setzt man nicht schon die Länder und Städte fest. Denn die Geister müssen auch etwas zu tun haben, damit sie sich betätigen können. (schelmisch) Ich halte sie die ganze Zeit auf Trab. Sie führen einen bei Abwegen auf den richtigen Pfad zurück. So machten sie es auch mit mir. Ich wollte auf keinen Fall Psychiaterin sein. Und dennoch mußte ich eine werden. All die sogenannten Zufälle sind schon eingeplant.

Heißt das, daß es keine Zufälle gibt?

Nein, es gibt überhaupt keine Zufälle. Es handelt sich vielmehr um göttliche Manipulationen. Oder, wenn es sich um angenehme Dinge handelt, spreche ich von göttlichen Eingriffen. Es gibt also angenehme und unangenehme Zufälle.

Willst du damit sagen, daß hinter allem, was einem im Leben begegnet, ein Sinn steckt? Und jeder Sinn bezweckt

... das höchste Wohl eines jeden.

Zusammengefaßt kann man also sagen, daß das Leben jedes Menschen schon in groben Zügen vor der Geburt festgesetzt worden ist, in welchem man zu seinem besten Wohle lernen und sich somit weiterentwickeln kann?

Um sein Seelenwachstum aufs beste zu fördern.

Bist du immer noch mit der anderen Seite in Kontakt?

Hin und wieder.

Gibt es speziell jemanden, der mit dir spricht oder der dir erscheint?

Darüber spreche ich nicht in der Öffentlichkeit. Dies ist mein privates Vergnügen.

Suchen wir uns eigentlich unsere Geistführer selbst aus?

Ich glaube, daß es so ist.

Kennen wir diese aus früheren Leben? Stehen sie uns irgendwie persönlich nahe?

Ja, in vielen Fällen.

Warum müssen wir alles vergessen, was wir vor unserer Reinkarnation geplant haben?

(indem sie ihren Zeigefinger aufwärts gerichtet über ihre Lippen legt) Weißt du, was das bedeutet? Nachdem wir all das vor unserer Wiedergeburt geplant haben, was wir zu tun gedenken, was wir lernen, erreichen und weitergeben wollen, erscheint der Engel des Vergessens. Und in jenem Augenblick, wo er den Finger über die Lippen legt, ist alle Erinnerung gelöscht, so als ob es sich um eine von vornherein abgemachte Bedingung handele. Der Sinn des Engels des Vergessens ist der, daß wir auf Erden alles tun, ohne uns an das erinnern zu können, was wir eigentlich zu tun uns vorgenommen hatten. Denn wenn wir alle Antworten für eine Examensprüfung schon im voraus wüßten, würden wir nicht mehr lernen wollen. Wenn also der Lehrer uns all die Antworten auf unsere Fragen schon vor einer Examensarbeit geben würde, würden wir nicht mehr motiviert sein, zu lernen. Ebenso verhält es sich mit dem Leben. Wenn wir schon im voraus wüßten, was sich alles ereignet, würden wir nicht mehr lernen und somit auch nicht wachsen können. Wir würden eine Bevölkerung von Dummköpfen sein.

Aber gibt es nicht einige ganz wenige Menschen auf der Erde, denen es erlaubt ist, sich daran zu erinnern, was sie sich für dieses Leben vorgenommen haben oder wer sie in früheren Leben waren?

Alles hängt von dem Grad des Bewußtseins ab. Wenn man schon viele, viele Male auf Erden geweilt und sehr an sich gearbeitet hat, dann ist man bereits zu einem höheren Bewußtseinsgrad gelangt. Dann hat man keine Mühe mehr, die Aufzeichnungen der Akasha Chronik einzusehen. *(Anmerkung: In dieser jenseitigen Datenbank ist alles aufgezeichnet, was im individuellen und auch im kollektiven Bereich jemals gedacht, gesagt und getan worden ist).* Alles hängt von deinem eigenen Bewußtseinsgrad ab.

Aber es gibt einige Kinder, die sich in ihren ersten Lebensjahren noch an Früheres erinnern können.

Ja, bei ihnen handelt es sich um alte Seelen.

Wann geht eine Seele in den Bauch der Mutter?

Das ist verschieden. Es kann schon bei der Zeugung geschehen oder auch erst nach der Geburt.

Genau das habe ich auch herausgefunden. Aber ich glaube, daß die Seele sich meist während des dritten Schwangerschaftsmonats im Bauch der Mutter niederläßt. Kannst du dir vorstellen, daß der Fötus schon verstehen kann, was die Mutter denkt oder spricht?

Das kann er immer. Er weiß immer, ob seine Mutter es haßt, schwanger zu sein oder nicht. Er bekommt genau mit, ob sie an Abtreibung denkt oder nicht. Aber er bekommt auch mit, wenn sie für ihn singt, ob sie ihn liebt und ob sie sich schon auf seine Geburt freut.

Könnte das eine Seele schon beeinträchtigen?

Natürlich! Es macht für eine wieder zu gebärende Seele einen Unterschied wie Tag und Nacht aus, ob sie gehaßt oder geliebt wird. Warum, glaubst du wohl, gibt es so viele aggressive Menschen in unserer Gesellschaft? Und warum so viele zerstörungswütige Kinder?

Als Rückführungstherapeut weiß ich, daß sich in einer Seele, die sich noch im Bauch der Mutter befindet, Minderwertigkeitsgefühle ansammeln können, wenn der Vater zu seiner Frau beispielsweise sagt: "Du bist dumm. Du kannst noch nicht einmal dies und das." Der Fötus identifiziert sich meist mit der Mutter und nimmt die Worte des Vaters auf, als seien sie gegen ihn selbst gerichtet.

Ja, aber das sind deine Erfahrungen, nicht meine.

Wann vergißt eine Seele, woher sie gekommen ist?

Das hängt ganz von ihrer Erziehung und von dem Umfeld ab.

Glaubst du, daß Babys und kleine Kinder noch wissen, woher sie ursprünglich gekommen sind?

Die ganz Kleinen wissen das.

Einige Drei- und Vierjährige erinnern sich noch daran.

Bevor sie von den Erwachsenen infiziert werden. Auch das Schulsystem trägt das Seine dazu bei, so daß all das Wissen, das sie noch mitbringen, völlig ausgelöscht wird.

Warum ist es so, daß der Mensch sich nicht an seine früheren Leben erinnern kann?

Gott sei Dank! Wenn man sich an all seine achthundert früheren Leben erinnern könnte, würde man durchdrehen und in einer Heilanstalt für Geisteskranke landen.

An welche früheren Leben kannst du dich noch erinnern? Du hast mir einmal gesagt, daß du ein Indianer warst.

Als eine Schweizer Hinterwäldlerin hatte ich keine Verbindung zu Indianern. Aber als ich etwa sechs bis sieben Jahre alt war, nahm ich alle niedlichen

Mädchenbilder von den Wänden herunter und hängte Bilder von Indianern auf. Ich fertigte mir einen Bogen und Pfeile an, wie sie da drüben an meiner Wand hängen, und bemalte sie. Wie sollte denn ein kleines Schweizer Mädchen, das niemals das eigene Land verlassen hatte, wissen, wie echte Indianerbögen und Pfeile bemalt sein müssen? Wir besaßen damals keine Indianerbücher. Meine Schwester Eva und ich spielten Indianer, als ob wir wirklich welche wären. Wir verfolgten einander mit Pfeilen und Speeren. Ich liebte diese Spiele, sie bedeuteten den Himmel auf Erden für mich. Ich war wie ein Lausejunge. Als wir Teenager waren, lehnten wir modischen Schnickschnack ab und trugen Kleider aus Jutesäcken. Und als ich schließlich in den USA den Südwesten besuchte, gelangte ich zu dem Vierstaateneck *(Anmerkung: jener Punkt, an dem die vier US-Staaten Arizona, New Mexico, Colorado und Utah zusammentreffen),* und plötzlich sagte es in mir: "Ja, hier habe ich gelebt." Es war wie ein spontan zurückgekehrtes Wissen. Und dann wußte ich also, daß ich hier schon in früheren Zeiten gelebt haben mußte. So etwas kann vielen Menschen passieren, daß sie zu einem Ort gelangen, wo sie ein Déjà-vu-Erlebnis haben, und wissen, daß sie dort schon einmal in ihrer Vorvergangenheit gelebt haben.

Wie viele Male bist du schon Indianer gewesen?

Viele, viele Male.

Was rätst du Eltern, wie sie am besten mit ihren Kindern umgehen können, denn vielleicht handelt es sich bei diesen um alte weise Seelen?

Was Eltern am besten für sich selbst tun können, ist, Demut zu lernen und anzuerkennen, daß Kinder die besten Lehrer der Welt sind. Wenn Eltern jedoch weiter in dem Muster verhaftet bleiben, daß sie als die Dreimalschlauen ihren Kindern den Eindruck vermitteln müssen, alles zu wissen, dann verspielen sie die Chance, von ihren Kindern zu lernen. Ich habe mehr von meinen sterbenden Patienten und speziell von sterbenden kleinen Kindern gelernt als von anderen Leuten und aus Büchern. Sie sind die besten Lehrer dieser Welt.

Was können die Erwachsenen von ihren Kindern denn lernen?

Ihnen wirklich zuzuhören und anzuerkennen, was diese ihnen beizubringen versuchen. Das ist sicherlich nicht immer leicht. Mein Vater bekam beinahe einen Herzanfall, als ich ‚nein' zu ihm sagte. Wenn ich auf ihn gehört hätte, wäre ich keine Ärztin, sondern seine Sekretärin geworden.

Glaubst du, daß es seine Aufgabe war, dich zu bevormunden, bis du endlich ‚nein' sagtest? War das ein anderer Grund, warum du ihn dir ausgesucht hast?

Diesen Verdienst rechne ich nicht ihm sondern mir allein zu.

Kinder bringen oft ihre früheren Talente mit auf die Erde. Was könnten Eltern tun, um diese am besten zu fördern?

Falls man einen kleinen Mozart hat, kauft man ihm ein Klavier und ermuntert ihn, darauf zu spielen. Sollte ein Kind ein Talent im Sport haben, fördert man ihn darin. Wenn jedoch Kinder alte Seelen sind und bei Eltern junger Seelen geboren werden, dann werden letztere wahrscheinlich nicht sehr sensitiv sein und die Chance verpassen, die Talente ihrer Kinder angemessen zu fördern. Wenn Kinder jedoch eigenwillig genug sind, wie ich es war, dann lernen sie, sich ihrer eigenen Kraft bewußt zu werden und ‚nein' zu ihrem Vater, zu ihrer Mutter zu sagen, und später werden sie auch ‚nein' zu dem Priester oder Pfarrer sagen oder zu wem auch immer, der ihnen Unsinn beibringen will, den sie nicht zu akzeptieren bereit sind. Denn man muß deren Unsinn nicht schlucken. Jedesmal, wenn man etwas hinunterschluckt, das einem zuwider ist, verhindert man sein seelisches Wachstum.

Könnten Kinder in früheren Leben die Eltern, Liebhaber oder Verwandten ihrer heutigen Eltern gewesen sein?

Ja, sehr häufig ist es so.

Sollten Eltern ihren Kindern über den Tod, das Sterben und das Leben nach dem Tod erzählen?

Natürlich, vorausgesetzt, sie wissen genug darüber und haben selbst keine Angst davor.

Denn Eltern denken oft: "Um Gottes willen, erzähl den Kindern nichts darüber, das könnte ihnen schaden."

Das sind ihre eigenen Ängste.

Wie können sich Eltern verhalten, wenn Kinder ihnen über ihre eigenen früheren Leben erzählen?

Natürlich werden Eltern immer so reagieren, wie sie denken. Wenn sie an diese Dinge nicht glauben, reagieren sie negativ und dumm. Du kannst tausend Bücher schreiben, und nichts wird sich bei ihnen verändern. Man kann ihnen nicht vorschreiben, wie sie sich in solchen Fällen zu verhalten haben.

Was ist das Wichtigste, das Eltern ihren Kindern auf ihren Lebensweg mitgeben können?

Das Gefühl, daß sie geliebt werden. Das ist das einzig Notwendige.

Warum gibt es Partnerschaft? Was lernen wir daraus?

Hierbei handelt es sich um die schwierigste Lektion, die wir auf Erden zu lernen haben. Wie viele Ehescheidungen gibt es in Deutschland?

Ich glaube ebensoviele wie in Amerika.

Es ist eine schwere Lektion, mit jemandem eine lange Zeit zusammenzuleben und dabei fortwährend den gleichen Grad von Anstand und gegenseitigem Respekt zu bewahren.

Was können wir hauptsächlich in einer Partnerschaft lernen?

Daß es niemanden gibt, der über oder unter uns steht. Daß wir alle gleichberechtigte Wesen sind, die aus derselben Quelle stammen und wieder dorthin zurückkehren. Es ist sicherlich nicht leicht zu lernen, wie man über eine lange Zeit liebe- und respektvoll miteinander umgeht. Wenn man jemanden unterdrückt, nur um selbst dadurch größer zu werden, dann muß man noch sehr viel lernen. Denn letztendlich müssen wir alle lernen, daß niemand über oder unter uns gestellt ist, sondern daß wir alle gleichberechtigte Menschen sind.

In früheren Zeiten, also noch im neunzehnten Jahrhundert und davor, galt eine Eheschließung als endgültig, so daß man mit einer Person bis zum Tode verkettet war. Heutzutage haben wir die Möglichkeit, uns voneinander zu trennen und nach einem neuen Partner Ausschau zu halten. Bedeutet das einen Fortschritt?

Für eine streng reglementierte Gesellschaft, die von den Regeln der Kirchen oder der Eltern oder der Gesellschaft eingeschnürt wird, gibt es keinen Fortschritt. Deshalb sind viele Leute dazu verdonnert, ein elendes Leben zu führen. In Amerika gibt es Millionen von Ehefrauen, die geschlagen werden. Und sie leben weiterhin in einer Ehe, in der sie mißbraucht werden, allein aus dem Grunde, weil die Kirchen ihnen einreden, daß sie sich nicht von ihrem Ehemann scheiden lassen dürfen.

Wann sollten sich Partner voneinander trennen?

Wenn keine gegenseitige Achtung und Liebe mehr vorhanden ist, dann mögen sie auch den Mut aufbringen zu sagen: "So, das war's. Wir haben alles versucht. Wir waren bei der Eheberatung, wir haben das und das versucht." Somit ist die Zeit gekommen, seinen Pfad allein weiterzugehen. Menschen entwickeln sich mit unterschiedlicher Geschwindigkeit und in verschiedene Richtungen.

Wie können wir herausfinden, was wir für dieses Leben geplant haben, was der eigentliche Zweck unseres Lebens ist und was wir zu lernen haben?

Es gibt viele Wege, um diesem Geheimnis näherzukommen. Ich mußte erst zu dem Konzentrationslager bei der polnischen Stadt Maidanek geführt werden, um herauszufinden, was meine Lebensaufgabe ist. Dann wurden meine Wege nach New York gelenkt. Dort hatte ich als ausländische Ärztin überhaupt keine Chance, eine Anstellung in einem Hospital zu bekommen. Trotzdem bewarb ich mich für eine Anstellung in einem berühmten Kinderkrankenhaus, denn es war immer mein Wunsch gewesen, Kinderärztin zu sein. Und zu meiner großen Überraschung wurde mir nach drei Monaten mitgeteilt, daß man mich dort als Ärztin einstellen wolle. Ich bereitete schon alles vor, um diese Nachricht groß zu feiern. Doch am nächsten Morgen hatte ich Schwindelanfälle. Ich schob das auf die erfreuliche Nachricht, denn in zwei Wochen sollte ich schon mit meiner Arbeit beginnen. Da ich von Natur aus eine Zweiflerin bin, führte ich einen Schwangerschaftstest durch, der positiv war. Die einzige Bedingung in diesem berühmten Kinderkrankenhaus war, daß keine schwangere Ärztin dort arbeiten durfte, denn häufig hatte man Nachtdienst. Somit war mir diese Anstellung vereitelt. Dennoch mußte ich dringend eine Arbeit finden. Und die einzige Tätigkeit als Ärztin, die sich mir bot, war die Arbeit in einer psychiatrischen Klinik. Früher haßte ich diese Tätigkeit und sagte mir, daß ich alles andere in der Welt lieber tun würde, als Psychiaterin zu werden. Zuerst dachte ich, ich würde erst einmal für ein Jahr in der Psychiatrie arbeiten und mich dann im folgenden Jahr wieder um eine Anstellung in dem Kinderkrankenhaus bewerben. Aber so sollte es nicht kommen. Denn es war von oben so vorgesehen, daß ich mehrere Jahre in der Psychiatrie arbeiten sollte.

Wenn jemand auf seinen Lebenspfad geschickt wird, dann hilft das Universum nach, daß man auch dorthin gelangt - auch wenn das bedeuten sollte, daß man seine Wunschanstellung, sein Kind oder was auch immer verliert, nur damit man wieder auf die richtigen Bahngleise gesetzt wird. Darum mußte ich ins Konzentrationslager nach Maidanek geführt werden, um an den Wänden all die Schmetterlingszeichnungen der Kinder zu sehen und all die anderen Berge von Sachen, die sie zurücklassen mußten, als sie in die Gaskammern geführt wurden.

Wir erhalten in vieler Gestalt Hilfe, die man im Moment nicht als solche wahrnimmt, die sich jedoch, wenn man auf sein Leben zurückblickt, deutlich abzuzeichnen beginnt.

Aber warum mußten alle diese Kinder in die Gaskammern gehen?

Wenn Kinder sehr früh sterben, ist das wie ein Geschenk für sie, denn sie haben nur eine kurze Zeit auf diesem garstigen Planeten mit all dem Negativen, dem Haß und den Schrecken zu leben. Sie können danach auf höhere Ebenen gelangen und schließlich dorthin zurückkehren, von woher wir alle gekommen sind. Aus der jenseitigen Perspektive gesehen, bedeuten drei, sechs, zehn Erdenjahre gar nichts, denn es ist wie ein Augenzwinkern. Sicherlich ist es furchtbar für die Eltern. Sie hätten mehr von jenen Kindern lernen können, die den Vorzug hatten, früh zu sterben.

Warum mußte es überhaupt einen Holocaust geben?

Ich bin nur eine einzige von vielen Personen, die jenes Konzentrationslager besucht haben. Und schau, was allein daraus entstanden ist. Aus diesem meinem einzigen Besuch in Maidanek hat sich all meine Arbeit entwickelt, indem ich Leute unterrichtete, wie man Patienten mit Würde und Anstand behandelt. Weiterhin sind aus diesem Besuch 2800 Hospize in Amerika entstanden neben vielen anderen in der ganzen Welt. Kannst du dir vorstellen, wie viele Menschen Maidanek, Auschwitz und Buchenwald besucht haben? Sie alle lernten und wuchsen aus dieser Erfahrung. Nichts geschieht ohne Grund.

Was passiert jenen, die gegen die göttlichen Gesetze handeln?

Sie werden krank.

Werden sie dafür bestraft, daß sie gegen die göttlichen Gesetze gehandelt haben?

Man bestraft sich selbst. Keiner kommt mit irgendeiner Untat davon.

In der Bibel heißt es: "Liebe deinen Nächsten wie dich selbst." Wenn wir also unseren Nächsten hassen oder etwas gegen ihn zu seinem Schaden unternehmen, wird das auf uns selbst einmal Rückwirkungen haben, so daß wir ebenfalls von jemandem unliebsam behandelt werden?

Ja, wie auch immer.

Glaubst du an das Karmagesetz, welches besagt: Was du anderen tust, wird dir einst selbst getan?

Ja.

Was ist das Gute an diesem Gesetz?

Ich habe es nicht erfunden.

Ist es gerecht?

Es ist Gerechtigkeit. Kein Mörder wird ungeschoren davonkommen. Auf irgendeinem Weg wird der gerechte Ausgleich geschaffen.

Die alten Weisen Indiens ebenso wie die Weisen und Wissenden von heute halten das Karmagesetz für ein Grundgesetz, das auf alle Menschen dieser Erde zutrifft.

Natürlich bezieht sich dieses Gesetz auf alle Menschen. Warum sollte es Menschen unterschiedlich behandeln, sind wir doch alle Kinder des einen Gottes. Es behandelt alle Menschen gleich, ganz egal zu welcher Religion wir gehören.

Das Karma beabsichtigt nicht, jemanden zu bestrafen, sondern es gibt einem die Chance ...

... etwas wieder auszugleichen.

Wenn jemand sich gegen einen anderen niederträchtig verhält, muß dann er die gleiche Situation erleben, um daraus lernen zu können?

Er muß nicht die gleichen Umstände oder Situationen erleben, aber die gleichen Konsequenzen.

Wer, glaubst du, hat die Welt, die Menschen, das ganze Universum erschaffen?

Gott.

Wie stellst du dir Gott vor?

Ihn kann man nicht erklären.

Also bleibt Er und Sein Schöpfungsakt ein großes Rätsel für die Menschheit?

Jeder möge seine eigene Erklärung finden.

Aber werden wir nicht irgendwann einmal wissen, wie alles erschaffen worden ist?

Ja, natürlich. Sobald wir gestorben sind, können wir drüben vieles herausfinden.

Glaubst du, daß wir dann schon in der Lage sein werden, die volle Wahrheit erfassen zu können?

Das hängt ganz davon ab, was du unter der vollen Wahrheit verstehen willst. Dir wird nur so viel offenbart werden, wie du in der Lage bist, zu verarbeiten. Das hängt von deiner Gefühlskapazität und vom Stand deiner spirituellen Entwicklung ab. Wenn man sich noch im Stadium des Kindergartenwissens befindet, erhält man auch nur Kindergartenwissen. Wenn man sich schon auf der Oberschule befindet, bekommt man das dementsprechende Wissen vermittelt. Und wenn du auf der Universität bist, wird dir noch höheres Wissen anvertraut werden. Es ist wie in einer Schule.

Also die Wahrheit, die wir erfahren können, ist immer relativ?

Ja.

Was gehört zu den höchsten erstrebenswerten Zielen?

Aufrichtig zu sein. Niemandem etwas vorzumachen.

Ist es wichtig, daß wir unsere spirituelle Entwicklung nie aus den Augen verlieren?

Ja. Wenn wir jedoch nicht aufrichtig im Leben sind, dann gibt es keine spirituelle Weiterentwicklung.

Schließt diese Aufrichtigkeit auch das Aufrichtigsein sich selbst gegenüber als eine wichtige Aufgabe mit ein?

Ja.

Inwiefern hängt Liebe mit Aufrichtigkeit zusammen?

Wenn man selbst keine annähernd bedingungslose Liebe bekommen hat, ist es auch schwer, sie zu geben. Und keiner gibt gerne zu, daß er sie nie wirklich erhalten hat. Menschen auf Erden kennen die wahre bedingungslose Liebe überhaupt nicht. Sie knüpfen ihre Liebe durch das Wort ‚wenn' an Bedingungen.

Kann das Lernen auf dieser Erdenschule auch bedeuten, daß wir glücklich und fröhlich leben?

Wenn wir das, was wir wirklich zu tun haben, auch tun, sind wir von ganz allein glücklich und fröhlich.

Können die Geistwesen mit uns Irdischen in Kontakt treten?

Sie befinden sich ständig hier auf Erden, aber unglücklicherweise nehmen wir sie meistens nicht wahr. Leider haben jene Menschen, die sie wahrnehmen, vor ihnen Angst und halten sie deshalb auf Distanz. Doch die meisten Menschen sind so unsensibel, daß sie die Geistwesen nicht wahrnehmen können, obwohl sie Tag und Nacht um uns herum sind.

Wie kann man mit seinen Geistwesen in Kontakt kommen?

Jeder muß seine eigenen Mittel und Wege dazu finden. Ich rede mit ihnen und bitte sie, mir ein Zeichen zu geben. Ich habe die Fähigkeit, Leute mit meiner Nase ‚herauszuriechen'. Letzte Nacht erlebte ich etwas ganz Besonderes. Mein ganzes Zimmer war auf einmal erfüllt mit dem Geruch von Sandelholz. Und ich wußte, daß eine hohe unsichtbare Persönlichkeit anwesend war, um mir in einer bestimmten Sache zu helfen. Jede Person muß also ihre eigenen Wege finden, um mit ihnen sprechen oder in Kontakt sein zu können. Wir erhalten auf die verschiedensten Arten von ihnen Antworten.

Muß man erst einen gewissen spirituellen Entwicklungsgrad erreicht haben, um mit Geistwesen in Kontakt treten zu können?

Einige Menschen befinden sich seit ihrer Geburt in einem echten Kontakt. Andere Menschen können aufrichtig im Gebet um solch einen Kontakt bitten. Doch halte ich nichts von all dem rituellen Gehabe.

Glaubst du, daß die Geistwesen der anderen Seite daran interessiert sind, daß wir uns ihnen gegenüber öffnen?

Ihr einziges Interesse an uns ist, daß wir spirituell wachsen. Wenn sie uns bei unserem Wachstum helfen können, sind sie glücklich. Sie versuchen, uns behilflich zu sein, damit wir unsere Aufgaben erfüllen und somit unser Ziel erreichen.

Hat der Mensch einen freien Willen?

Ja. Alles, was du im Leben tust, ist nichts anderes als die Summe all deiner freien Entscheidungen, die du zu jeder Zeit deines Lebens getroffen hast, sei es durch Gedanken, Worte oder Taten. Und diese Summe besteht aus dem, was du im Positiven oder im Negativen aus deinem Leben gemacht hast.

Kommt ein späterer Mörder schon als schlechter Mensch auf die Welt?

Ein Mann wird nicht dadurch zu einem Mörder, daß er etwa als bösartiger Mensch geboren worden ist. Vielmehr kann es sein, daß er als Kind oder Jugendlicher geschlagen und mißbraucht wurde. In solchen Fällen staut sich bei jenen Menschen die Aggression wie Dampf in einem Druckkochtopf, der irgendwann explodiert und sich in böse Handgreiflichkeit umsetzt. Niemand wird als schlechter Mensch geboren. Wir werden durch unsere Erfahrungen zu schlechten Menschen und handeln später dementsprechend.

Gibt es eine Möglichkeit, den Druck aus diesem Topf herauszulassen, bevor er explodiert?

Gottes größtes Geschenk an die Menschen ist der freie Wille. Wir können uns dafür entscheiden, all die negativen Erlebnisse aufzulösen und über sie hinauszuwachsen, oder wir können sie hinunterschlucken und sie unterdrücken. Doch dann wachsen sie immer weiter, bis sie schließlich so furchtbar werden, daß sie explodieren. Wir haben also den freien Willen. Das ist sehr wichtig zu wissen.

Warum stemmen sich die Christen so sehr gegen die Reinkarnation und das Karma?

Sie sind aus dem Grunde dagegen, weil sie fürchten, wenn sie sich zu Reinkarnation und Karma bekennen, nicht mehr Christen genannt zu werden. Sie sind von ihren Kirchen derart indoktriniert, daß die ‚wahren' Christen es noch nicht

einmal wagen, überhaupt darüber zu sprechen. Die Buddhisten sprechen öffentlich darüber, denn sie glauben an Reinkarnation und Karma.

Die wissenschaftliche Welt stimmt mit den Kirchen in vieler Hinsicht nicht überein. Aber in bezug auf Reinkarnation und Karma gehen sie Hand in Hand, um diese zu unterdrücken.

Das Karmagesetz macht jeden für seine Taten selbst verantwortlich. Doch die Wissenschaftler und die Kirchen haben Angst davor, für ihre Taten die Verantwortung übernehmen zu müssen. Denn das würde in ihnen auch ein Schuldgefühl entstehen lassen. Stell' dir vor, jeder Gauner würde wissen, daß er jede seiner Taten einmal verantworten müßte? Wir würden dann in einer wunderbaren Welt leben! Jeder Wissenschaftler muß wie jeder Mensch die Konsequenzen dafür tragen, was er in seinem Leben tut.

Müssen wir uns vor dem Tod fürchten?

Auf keinen Fall! Ich habe so häufig darüber gesprochen, daß ich nicht nochmal darüber sprechen will.

Ja, du hast darüber gesprochen und geschrieben, was einem nach dem Tod begegnet, und daß man keine Angst vor ihm zu haben braucht. Denn wir werden von Geistführern oder unseren verstorbenen Angehörigen abgeholt und in unser

neues Zuhause geführt. (Anmerkung: Wer ausführlich darüber lesen möchte, was sich beim Tod und danach mit uns ereignet, den verweise ich auf Elisabeths Buch "Über den Tod und das Leben danach".)

Gibt es im Jenseits höhere Wesen als wir selbst?

Das hängt ganz davon ab, wo wir hinkommen.

Gibt es in der anderen Welt helle und dunkle Sphären?

Ach, du willst mich über Himmel und Hölle ausfragen. Ich glaube nicht an die Hölle. Hölle gibt es hier auf Erden. Deine Erdentaten entscheiden darüber, ob du in der jenseitigen Welt in eine dunklere oder in eine hellere Zone gelangen wirst.

Du sagtest, daß man im jenseitigen Leben alles mit seiner Vorstellung erschaffen kann.

Man kann es nicht so einfach darstellen. Wenn ich eine Zigarette haben möchte, dann kann ich mir nach Wunsch eine solche kreieren. Wenn ich mich jedoch auf einer höheren Ebene befinde, habe ich kein Verlangen mehr danach. Mir wäre eine Schweizer Schokolade lieber als eine amerikanische. Aber man hat keinerlei Verlangen mehr danach, denn man sehnt sich nicht mehr verzweifelt nach Zigaretten noch nach einem Schokoladenriegel.

Gibt es irgend jemanden, der über uns zu Gericht sitzt?

Wir selbst sind unsere strengsten Richter und richten härter über uns als irgendein anderer.

Und nach welchen Maßstäben richten wir uns? Haben wir dann ein höheres Bewußtsein?

Das hängt ganz davon ab, welches spirituelle Bewußtsein du dir auf Erden erworben hast.

Wenn wir also den freien Willen haben, warum bleiben wir denn dann nicht im Jenseits, warum wollen wir dann überhaupt noch auf der Erde inkarnieren?

Solange wir nicht alle Lektionen auf der Erdenschule gelernt und das Gelernte weitergegeben haben, werden wir uns nicht weiterentwickeln können.

Also kehren wir auf die Erde zurück, um zu lernen. Gehen wir eigentlich gerne in diese Schule zurück?

Ich nicht! Und ich werde auch nicht mehr dahin zurückkehren.

Wenn jemand nun aber absolut nicht reinkarnieren will, kann er dann im Jenseits bleiben?

Zehntausend Jahre Aufenthalt im Jenseits sind wie eine Woche auf Erden. Dort hat man kein Zeitgefühl. Schließlich wird sowieso jeder wieder zurückkehren wollen.

Was sollte man vor dem Sterben unbedingt noch tun?

Man sollte nicht so lange warten, bis man auf dem Sterbebett liegt. Denn dann ist es zu spät, noch viel zu verändern. Das ist es genau, was ich jetzt tue. Ich versuche noch, Geduld zu lernen. Es ist jedoch wichtig, daß man vor dem Tod sich selbst und allen anderen, die einen beleidigt oder einem weh getan haben, vergibt. Und das ist bestimmt nicht leicht. Man sollte nicht der ganzen Welt vergeben wollen, sich selbst aber davon ausschließen. Man muß sich auch selbst vergeben können. Was ich an der katholischen Kirche mag, ist die Beichte. Die Katholiken beichten ihre Sünden, ganz egal, ob diese wahr oder eingebildet sind. Und dann lernen sie, sich selbst zu vergeben. Sie warten also nicht damit, bis sie auf dem Sterbebett liegen, wo dann der Geistliche in letzter Minute noch herbeigeeilt kommt und einigen Hokuspokus veranstaltet.

So viele Menschen belasten sich mit Schuldgefühlen. Ist es eigentlich noch wichtig, sich vor seinem Tod von diesen Schuldgefühlen zu befreien?

Schuldgefühle sind eine völlig unnötige Energieverschwendung. Schuldgefühle kommen niemandem zugute. Wenn man sich wegen irgend etwas schuldig fühlt, sollte man dies Gefühl in einer Gruppe aussprechen. Dann erfährt man nämlich, daß andere darauf gar nicht so schlimm reagieren wie man selbst. Und nachdem du über deine Schuldgefühle gesprochen und sie also gebeichtet hast, überlasse dich ganz deinen natürlichen Gefühlen. Du kannst weinen oder was auch immer. Und nachdem du vor anderen deine Tränen hast fließen lassen wegen eines unschönen Verhaltens oder wegen einer noch unerledigten Angelegenheit, vergib dir selbst. Danach ist die Schuld aufgelöst, und du mußt diese Schuldgefühle nicht weiter mit dir herumschleppen.

Diese Dinge hast du in deinen Workshops gelehrt und praktizieren lassen?

Ja.

Wie kann man seine spirituelle Entwicklung beschleunigen?

Als Josef mir sagte, ich müsse meditieren, habe ich mich zugemacht. Man kann nicht umhergehen und den Leuten erzählen, was sie zu tun haben. Ein jeder sollte tun, was ihm als das Richtige erscheint. Ich mag diese für alle gültig erscheinenden Kochbuchrezepte nicht, in denen zu lesen ist, wie sich jeder zu verhalten hat. Wir sind keine Puppen. Wir sind menschliche Individuen. Wir haben unterschiedliche Bedürfnisse und benötigen daher unterschiedliche Handhabungen. Wenn jeder alles in Balance halten könnte - Arbeit und Spiel, Geben und Nehmen, lieben und geliebt werden -, dann gäbe es keine Probleme mehr.

Wie stellst du dir die nächste Generation vor?

Sie wird viel weiser sein und in aufrichtiger Liebe friedvoller und natürlicher miteinander umgehen können.

Könntest du dir eine Welt ohne Krieg vorstellen?

Ja, sehr gut.

Würdest du gerne in solch einer Welt wiedergeboren werden, die sich völlig zum Besseren hin verändert hat?

Ich kann alles von der anderen Seite mitverfolgen. Ich muß nicht hier sein, um das zu sehen.

Könntest du dir vorstellen, daß die Menschen im einundzwanzigsten Jahrhundert die Tatsache anerkennen, daß es ein Leben nach dem Tod gibt?

Ja, zweifellos.

Und daß es die Reinkarnation gibt?

Ja.

Und daß das Karmagesetz Tatsache ist?

Ja.

Dadurch wird ein große Veränderung im Denken, Fühlen und Lieben herbeigeführt werden.

Und im Sprechen und Handeln. Denn man wird sich klar darüber sein, daß man für alles die Verantwortung trägt, für jeden Gedanken, für jedes Wort und für jede Tat.

Vielleicht werde ich noch diese neue Welt erleben, während du sie von der anderen Seite her beobachtest.

Ja.

Wie wirst du dich dann fühlen, wenn du aus der jenseitigen Welt die hiesige in einem veränderten und besseren Zustand erblickst?

Ich werde ein Fest veranstalten mit ET-Ballons.

Was möchtest du der Menschheit am meisten wünschen?

L I E B E .

Elisabeth Kübler-Ross

Sterben lernen - Leben lernen

Fragen und Antworten

Was Sigmund Freud für die Psychologie war, ist sicherlich E. Kübler-Ross für die Sterbeforschung. Ihr ist zu verdanken, dass weltweit die neuen Erkenntnisse über Sterbende und deren richtige Betreuung an allen medizinischen Ausbildungsstätten gelehrt werden.

Dieses Buch gibt wichtige Antworten auf Fragen wie: Auf was muss ich achten, wenn ich mit Sterbenden zusammen komme? Wie kann ich Angehörigen eines Sterbenden oder eines soeben Verstorbenen beistehen? Wie gehe ich selbst mit dem Verlust eines mir Nahestehenden um? Unmissverständlich macht die Autorin klar, dass wir die Angst vor dem Sterben und dem Tod erst verlieren müssen, bevor wir wirklich frei sein können zum Leben.

64 Seiten mit 28 ganzs. Farbf.
21x21 cm, gebunden
€ [D] 13,90 / sFr 25,10
ISBN 3-923781-80-6

Elisabeth Kübler-Ross

Über den Tod und das Leben danach

Sonderausgabe

Der Innenteil dieser hochwertigen Leinenausgabe wurde durch 11 ganzseitige, farbige, meditative Illustrationen des Künstlers Peter Dorn ergänzt.

Das weltweit bekannte Buch mit seinen überzeugenden Beweisen für ein Leben nach dem Tod gilt mittlerweile als Klassiker zu diesem Thema.

Die Sonderausgabe:
112 Seiten, gebunden
m. vielen meditat. Illustrationen
€ [D] 19,90 / sFr 34,90
ISBN 3-931625-10-6

Der Klassiker:
89 Seiten, broschiert
€ [D] 11,90 / sFr 21,30
ISBN 3-3-923781-02-4

Elisabeth Kübler-Ross

Der Dougy-Brief

Worte an ein sterbendes Kind

Elisabeth schreibt an einen krebskranken Jungen einen Brief, in welchem sie ihm erklärt, warum es Gott so eingerichtet hat, dass wir Menschen auf Erden geboren werden und wieder sterben müssen. Diesen Brief hat sie mit Buntstiften geschrieben und mit Zeichnungen versehen.

16 Seiten, farbig
€ [D] 6,95 / sFr 12,90
ISBN 3-89845-033-3

Elisabeth Kübler-Ross

Jedes Ende ist ein strahlender Beginn

Bildband mit Texten von E. Kübler-Ross und Fotos von Dr. G. Siebel

Dr. Gottfried Siebel ist katholischer Theologe und hat sich jahrelang der aktiven Sterbebegleitung gewidmet, wobei ihm die Bücher der Ärztin E. Kübler-Ross eine wichtige Stütze waren. Es war seine Idee, Schmetterlinge zu fotografieren und diese den aussagekräftigsten Sätzen der bekannten Sterbeforscherin gegenüberzustellen, ist doch das Verwandlungsmotiv von der Raupe zum Schmetterling eine Parallele zu unserer eigenen Verwandlung. Ein wunderbares Geschenkbuch, welches zu begeistern weiß.

64 Seiten mit 16 Farbfotograf.
21x21 cm, gebunden
€ [D] 13,90 / sFr 25,10
ISBN 3-923781-66-0

Elisabeth Kübler-Ross

In Liebe leben

"In Liebe leben" ist die Essenz der Erfahrungen und Erkenntnisse der weltberühmten Ärztin und Sterbeforscherin Elisabeth Kübler-Ross. Durch ihr eigenes außerkörperliches Erlebnis und die Begleitung vieler Sterbender konnte sie Millionen Menschen die Angst vor dem Tod nehmen und die Bedeutung unseres Erdenlebens vermitteln.

Ein lichtvolles, liebevoll illustriertes Geschenkbüchlein, das uns daran erinnert, was das Wichtigste in unserem Erdendasein ist: "In Liebe leben".

64 Seiten, durchg. farbig
gebunden, 15 x 15 cm
€ [D] 9,90 / sFr 18,10
ISBN 3-89845-024-4

Elisabeth Kübler-Ross

Der Liebe Flügel entfalten

Dieser Geschenkband von E. Kübler-Ross behandelt das wichtigste Thema der Menschheit, die LIEBE. Ihr Sohn Ken Ross, Profi-Fotograf, unterstreicht mit seinen meditativen Fotos die Intensität und Tiefe dieses Buches.

Die Autorin versteht es, uns anhand von vielen selbst erlebten Geschichten nahezubringen, welche Bedeutung die Liebe für jeden von uns hat. Sie zeigt uns, wie wir ehrlich, ohne unsere negativen Gefühle zu ignorieren oder zu unterdrücken, den Weg der Liebe einschlagen können. Dieses Buch lässt uns die Liebe umfassender begreifen und berührt die tieferen Schichten unserer Seele.

60 Seiten mit 13 Farbfotograf.
21x21 cm, gebunden
€ [D] 13,90 / sFr 25,10
ISBN 3-923781-99-7